Meine schönsten
Teddygeschichten

Illustration: Miguel Epes · Text: Katja Epes

Inhalt

Im Land der Teddybären

Mitten auf einer wunderschönen grünen Wiese, umgeben von vielen bunten Blumen, steht ein großer, uralter Kastanienbaum. Er ist schon so alt, dass keiner mehr genau sagen kann, wie viele hundert Jahre er jetzt schon dort steht und was er in dieser Zeit alles schon gesehen hat. Seit einigen Jahren bewohnen die Teddybärchen den Baum.

Sie haben sich im Inneren des dicken Stammes ein gemütliches Zuhause eingerichtet. Es gibt ein Wohnzimmer, in dem ein langer Holztisch mit acht wackeligen Stühlen steht. Und es gibt eine kleine Küche, in der die Bärchen kochen und backen. Im Nebenzimmer ist das Schlafzimmer mit einem großen Bett für die drei Teddyjungen und einem kleinen Bett für das Teddymädchen.

Es ist Abend und die Bärchen gehen nun ins Bett. Nachdem sie sich gründlich gewaschen haben, putzen sie sich noch die Zähne und bürsten sich das braune Fell. Danach ziehen sie die weißen Nachthemden über. „Ich hüpfe gleich ins kuschelige Bett, denn es ist so kalt!", sagt Timi. „Du bist immer so verfroren", antwortet Bennie. „Außerdem wartet Lili schon auf uns!", ruft Tobi und spült sich die Reste der Zahnpasta aus dem Mund.
Sie freuen sich, denn Lili, das Bärenmädchen, möchte ihnen noch „Teddybären-Gutenachtgeschichten" vorlesen. Lili hat dieses Buch von ihrer Mutter geschenkt bekommen und es stehen viele lustige Geschichten darin.

Punkt acht Uhr sind sie endlich fertig und liegen im
warmen Bett. Die Kerze auf dem Nachttisch macht ein
gemütliches Licht und die Holzuhr an der Wand beginnt
achtmal leise zu schlagen. Endlich kommt Lili hinein
und setzt sich auf die Bettkante. Ihr dickes Buch hat sie
mitgebracht und gleich beginnt sie mit dem Vorlesen.

Schlau muss man sein!

Onkel Samson war schon immer ein fleißiger Wanderer.
Jedes Mal, wenn das Wetter es zuließ und die Sonne
am Himmel schien, spazierte er los. Er lief und lief,
ohne eine Pause einzulegen, bis er kräftigen Hunger
verspürte. So erging es ihm auch an einem wunderschönen Sonntagnachmittag. Er war schon einige
Kilometer gelaufen, als sein Magen kräftig knurrte.
„Ich glaube, ich sollte mich nach etwas Essbarem um-
schauen", sprach er zu sich und reckte die Nase hoch
in die Luft. Und tatsächlich, er konnte es genau riechen.
Irgendwo hier in der Nähe musste es einen Bienenstock
mit köstlichem süßen Honig geben.

Er folgte dem honigsüßen Geruch, bis er das Nest in
einer scharfen Kurve erblickte. Direkt vor ihm hatten
die Bienen den Honig in den Waben versteckt. Doch
wie sollte er da nur herankommen? Zwischen ihm und
dem Honig lag ein tiefer Abgrund.

„Den kann ich unmöglich überwinden",
sagte er zu sich und wollte schon
wieder loslaufen, doch sein Magen
begann noch lauter zu knurren.
Sehnsüchtig schaute er zu dem
leckeren Honig hinüber.

Er grübelte und überlegte, er suchte den Hang nach einer Treppe ab, wollte mit einem langen Ast nach dem Honig angeln, aber nichts klappte. Entmutigt setzte er sich in das grüne Gras. „Es muss doch eine Möglichkeit geben, um an den Honig zu gelangen." Doch ihm fiel nichts ein. Dann, einige Minuten später, nachdem er schon fast aufgeben wollte, hatte er eine tolle Idee!

Schnell sprang er auf und begann, das schon alte und morsche Holz der Absperrung auseinander zu bauen. „Ich wusste doch, dass mir etwas einfallen wird!", sprach er übermütig und bastelte und werkelte fleißig weiter. Nach kurzer Zeit hatte er die dicken Holzpfosten abgetrennt und die Seile ordentlich zusammengerollt.

Dann kam der schwerste Teil der Arbeit. Er legte die
beiden Holzpfähle aneinander und verband die dicken
Hölzer mit den kleinen, sodass eine Leiter entstand.
Die Enden umwickelte er mit den Seilen und es dauerte
nicht lange, da war seine Arbeit beendet. „Sieht gut
und stabil aus." Onkel Samson war sichtlich stolz auf
sein Ergebnis.

Dann legte er die Leiter über den Abgrund und kletterte
vorsichtig auf die andere Seite hinüber. Endlich konnte
er den köstlichen Honig verspeisen! Es dauerte auch
nicht lange, bis fast alles aufgegessen war. Müde vom
vielen Essen legte sich der Bär ins Gras und hielt ein
Mittagsschläfchen.

Wo wohnt Fritzi?

Die Sonne war gerade erst aufgegangen und der kleine
Teddy Lukas reckte und streckte sich im Morgenlicht,
als er plötzlich ein leises Wimmern hörte.

Direkt vor ihm auf der noch feuchten Wiese saß ganz traurig und niedergeschlagen ein kleines Entchen. Verwundert ging der Teddy auf das Entchen zu und fragte: „Nanu, was machst du denn schon so früh morgens hier und warum bist du so traurig?" Das kleine Entchen schaute ihn müde und zitternd vor Kälte an und sagte: „Ich finde mein Zuhause nicht mehr, ich weiß nicht, wo meine Eltern sind und sicherlich machen sie sich große Sorgen!"
Da bekam der Teddy Mitleid mit dem armen Entchen und tröstete es: „Mach dir nur keine Sorgen. Ich kenne mich hier in der Gegend gut aus, wir finden deine Eltern bestimmt ganz schnell!"

Dann brachte er das Entchen in sein gemütliches Haus.
Dort konnte es sich aufwärmen. Die anderen Bärchen
waren ebenfalls besorgt und wollten die kleine Ente
trösten: „Wir können uns gleich auf den Weg machen,
aber du musst uns schon sagen, wo dein Zuhause ist."

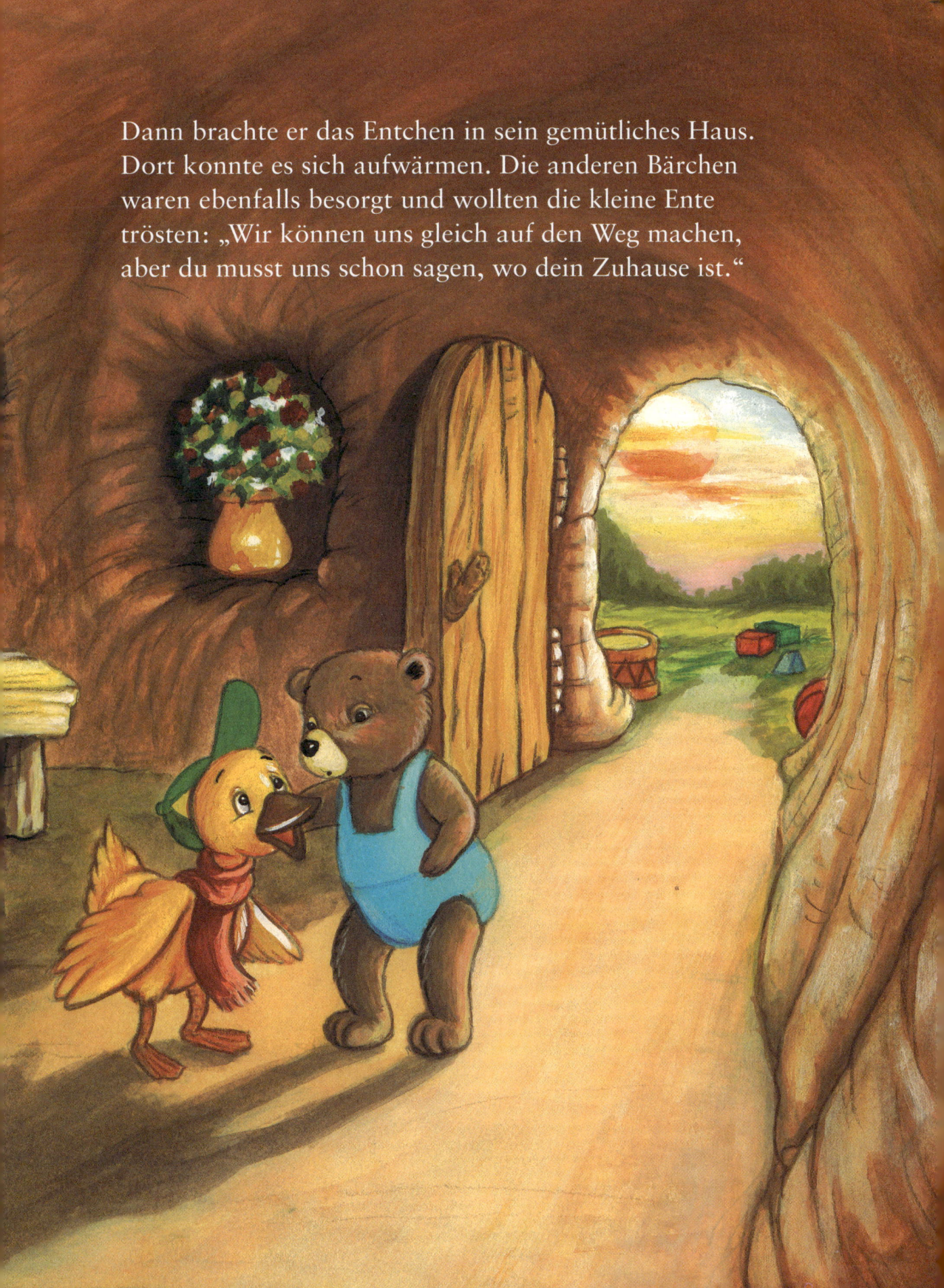

Fritzi, so hieß die kleine Ente nämlich, erklärte ganz genau, wo er seine Eltern das letzte Mal gesehen hatte. „Wir haben ein kleines Häuschen mitten in einem Froschteich. Dort ist es wunderschön und ich wollte mein Zuhause nie verlassen. Aber als ich gestern auf dem See meine Runden drehte, kam ein großer Sturm auf und wirbelte mich davon. Jetzt weiß ich überhaupt nicht mehr, wie ich nach Hause kommen soll!"
Die Bärchen hörten gut zu und Lukas hatte eine Idee. „Ich kenne einen Froschteich in der Nähe. Aber man kann ihn nur über den Fluss erreichen und das ist schwierig!"

20

Also beschlossen die Teddybären, dem kleinen Fritzi
zu helfen. Schnell wurde Reiseproviant eingepackt und
dann machten sich alle sechs auf den Weg.
„Zum Fluss müssen wir ungefähr einen halben Tag
wandern, dann geht es nur noch übers Wasser weiter!"

Nach langem Fußmarsch kamen sie endlich ans Wasser. Sie beschlossen, aus herumliegenden Hölzern ein stabiles Floß zu bauen, um die Fahrt auf dem Wasser fortzusetzen. „Ist das hier auch der richtige Weg zu mir nach Hause?", fragte die kleine Ente ängstlich. Doch die Bärchen beruhigten sie. „Wir kennen den Weg, nur keine Angst. Wenn alles gut geht, bist du heute Abend schon zu Hause!" Da freute sich das Entchen und betrat mutig das schaukelnde Floß.

Die Fahrt über das Wasser verlief erst ganz ruhig und die sechs Freunde genossen den Bootsausflug. Wenig später aber wurde der Fluss immer unruhiger und schneller, bis sie mitten in gefährlichen Stromschnellen schwammen. „Haltet euch gut fest!", rief Lukas und versuchte, das Floß durch das Wasser an den Felsen vorbeizulenken.

Doch das Floß wurde immer schneller und schneller durch die Strömungen getrieben.

Dann endlich, nach einer schwierigen Abfahrt, beruhigte sich das Wasser und sie steuerten das Boot sicher an eine Böschung. Alle sechs waren erleichtert, wieder auf festem Boden zu stehen. Nun konnten sie ihren Weg fortsetzen.

Zu Hause bei Fritzi machten sich seine Eltern natürlich große Sorgen. „Wo kann er nur sein?", fragte die Mutter unentwegt. Aber der Entenvater konnte sie auch nur wenig beruhigen, denn er war genauso ratlos.

„Ich werde mich auf die Suche nach ihm machen. Du wartest hier auf mich", schlug er vor. „Aber pass gut auf dich auf", antwortete die Mutter. „Ich möchte euch beide heute Abend gesund und munter wieder bei mir zu Hause haben."

Die Teddys hatten mittlerweile schon einen weiten Weg
hinter sich und Fritzi wurde immer fröhlicher. „Irgend-
wie kommt mir dieser Baum bekannt vor", schnatterte
er ausgelassen. „Und auf dieser Wiese bin ich auch
schon einmal gewesen." Dann lief er immer schneller
und schneller, so schnell, dass die fünf Bärchen kaum
mehr hinterherkamen. „Warte doch auf uns!", riefen
sie ihm zu, doch Fritzi ließ sich nicht aufhalten.
„Ich kenne den Weg, ich weiß, dass ich gleich zu Hause
bin!", rief er aufgeregt und rannte los.
Schon aus der Ferne konnte die Ente den Froschteich
mit dem kleinen Häuschen in der Mitte erblicken.

Und da waren ja auch seine Eltern! „Mama, Papa, ich bin wieder zu Hause!", rief er ihnen von weitem entgegen. Da entdeckten auch die beiden Enten ihren Sohn. „Fritzi, du bist wieder da!", riefen sie unendlich erleichtert und schlossen ihren Sohn in die Arme.

Sie waren so außer sich vor Glück, dass sie die fünf Teddys gar nicht bemerkten. Fritzi stellte sie gleich seinen Eltern vor. „Mama, Papa, das hier sind meine neuen Freunde. Sie haben mich wieder zu euch nach Hause gebracht. Ohne sie hätte ich euch bestimmt nie wieder gefunden!" Da bedankten sich die Eltern recht herzlich bei den Teddybären.

Sie luden die Bärchen zum gemeinsamen Abendessen ein und wollten unbedingt, dass sie über Nacht bei ihnen blieben. Doch die Teddys wollten lieber den Heimweg antreten. „Euer Häuschen ist zwar sehr gemütlich, aber für uns alle zu klein!", bedankte sich Lukas.

Dann machten sie sich auf den Weg, denn schon bald wurde es dunkel. Die kleine Entenfamilie aber war überglücklich, wieder vereint zu sein. „Mama, Papa", schnatterte der kleine Fritzi müde, „ich werde nie mehr zu weit von zu Hause weggehen, und wenn es windig wird, komme ich gleich ins Haus!", versprach er seinen Eltern, bevor er in einen tiefen Schlaf fiel.

Ein schöner Tag!

Als die Teddys früh am Morgen erwachen, scheint die Sonne schon hell und warm. „Was haltet ihr von einem Picknick am Fluss?", schlägt das Teddymädchen vor. „Prima Idee!", jubeln die anderen. „Wir können gleich die Angelsachen mitnehmen."

Gleich machen sie sich ans Einpacken. Sie brauchen
viele Dinge für den Ausflug. Die Angelruten, ein
Fischernetz, einen Eimer, Haken und Angelköder.
Der Picknickkorb ist ebenfalls schnell fertig gepackt.
Die Bärchen schmieren sich Honigbrote und stellen
noch eine Flasche Milch dazu. Köstliche kleine
Törtchen packen sie auch noch ein. Nun kann es
losgehen!
Jeder nimmt, was er tragen kann, und dann marschieren
sie in den Wald. „Ich werde den größten Fisch von
allen angeln!", prahlt der kleinste Bär. „Nein, beim
letzten Mal hatte ich den größten Fisch an der Angel!",
antwortet sein Bruder stolz.

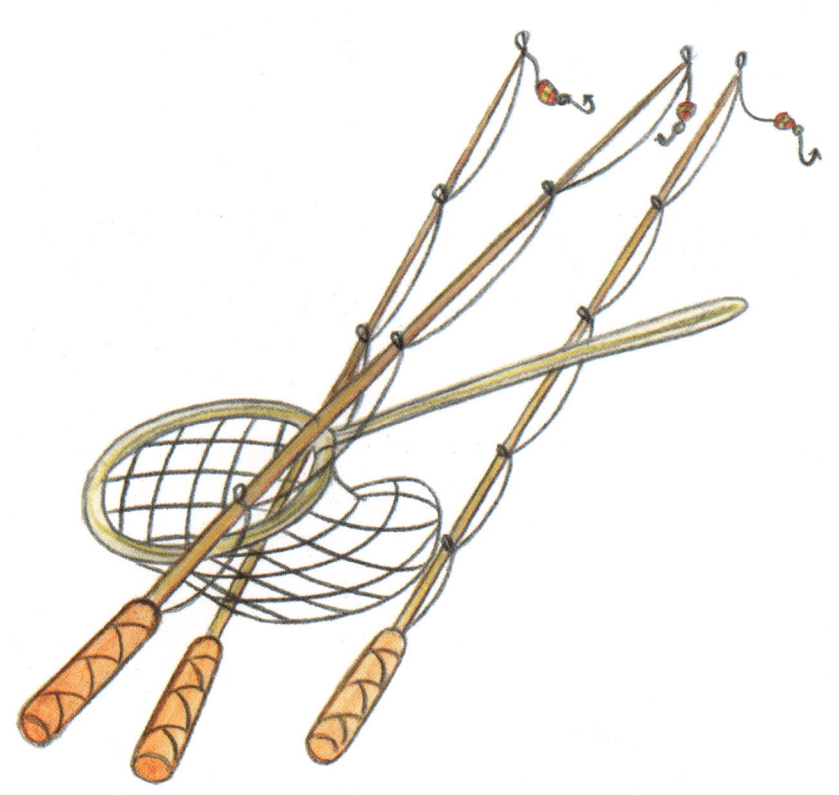

Endlich erreichen sie den kühlen Bach und werfen die Angelhaken ins tiefe Wasser. Aber auch nach langem Warten beißt kein Fisch an. Plötzlich kommt das Bärenmädchen um die Ecke und hat einen dicken Fisch im Netz zappeln! „Seht nur, was ich hier im Netz habe!", ruft sie den anderen zu und zeigt stolz ihren Fang. Da staunen die drei Teddys, denn sie haben bis jetzt nur eine alte Dose herausgefischt. „Was willst du mit dem dicken Kerl denn nun machen?", fragt einer der Teddys. „Gar nichts, ich wollte ihn euch nur zeigen." Dann setzt sie sich ans Ufer und wirft den glitschigen Fisch zurück ins Wasser. Der schwimmt freudig davon.

„Nun lasst uns endlich etwas essen!", rufen die Teddys
und suchen sich einen gemütlichen Platz zum Pick-
nicken. Sie breiten die Decke aus und verteilen die
leckeren Speisen auf dem Tuch. „Lasst es euch
schmecken." „Guten Appetit!", wünschen sie sich
gegenseitig.

In kurzer Zeit ist alles verspeist. Nach dem üppigen
Mahl sind alle vier müde und legen sich ins Gras nieder.
„Lasst uns einen Mittagsschlaf machen, bevor wir
nach Hause gehen", schlägt der kleinste Teddy vor.
Dann schlafen alle vier tief und fest. Erst am späten
Nachmittag wachen sie auf und treten den Heimweg
an.

Robbi auf Entdeckungstour

Robbi, der kleine Bär, lebt mit Mutter Bär am Rande eines tiefen Waldes. Jeden Morgen weckt ihn seine Mutter liebevoll. Robbi ist wie jeden Tag voller Tatendrang und würde am liebsten gleich loslaufen. „Pass aber gut auf dich auf und gehe nicht zu weit weg!", warnt ihn seine Mama.
Doch da ist Robbi schon losgelaufen.

Er ist ein furchtbar neugieriges Bärchen und merkt oft gar nicht, wenn er sich in Gefahr bringt. Kaum ist er am Rande des Waldes angelangt, entdeckt er eine große Schnecke.

„Was bist du denn für ein Tier?", fragt er die Schnecke neugierig. Doch die antwortet nicht. Da klettert er so lange hinter ihr her, bis er auf einem Ast sitzt. „Bitte sag mir, was du für ein Tier bist!", bettelt er so lange, bis die Schnecke antwortet.

„Ich bin eine Weinbergschnecke", sagt sie und setzt langsam ihren Weg fort. „Was ist denn eine Weinbergschnecke?", fragt der kleine Bär neugierig und klettert immer weiter hinauf in die Äste. „Pass auf, du wirst noch runterfallen", ruft ihm die Schnecke zu, und erst da bemerkt Robbi, wie hoch er geklettert ist. „Oh, wie soll ich denn von hier wieder runterkommen?", jammert er ängstlich. Doch da kommt die Schnecke auf ihn zugekrochen und zeigt ihm den sichersten Weg zurück zur Erde. „Du musst auf dich aufpassen!", ruft sie ihm noch zu, bevor sie ihren Weg fortsetzt.

Doch Robbi hört ihr gar nicht mehr zu. Er hat längst
etwas viel Interessanteres entdeckt. Ein kleiner Wasser-
fall rauscht mit lautem Getöse die Steine hinunter.
„Oh wie schön!", ruft er begeistert und klettert die
Felsen hinunter. „Hier werde ich erst mal bleiben."
Plötzlich steckt ein glitzernder Fisch seinen Kopf aus
dem Wasser. „Nanu?", fragt er den kleinen Bären verwundert, „was machst du denn hier so ganz alleine?"
„Ach", antwortet Robbi übermütig, „ich möchte Aben-
teuer erleben!" „Bist du nicht etwas zu klein, um hier
ganz alleine am Wasser zu spielen?", fragt ihn der Fisch.
„Du kannst doch bestimmt noch nicht mal schwimmen!
Geh lieber nach Hause!", rät ihm die Forelle. Doch
das Bärchen will nichts davon hören und jagt den Fisch
davon.

Fröhlich läuft er weiter, bis er auf eine große Wiese kommt. Zwischen den vielen Blumen entdeckt er einen bunten Schmetterling. „Hallo!", ruft er ihm zu. „Was bist du denn für ein Tier?", möchte Robbi wissen.

Der Schmetterling antwortet sofort: „Ich bin ein kleiner Schmetterling und wenn du es genau wissen willst, meine Flügel haben die schönsten Farben weit und breit! Willst du mit mir Fangen spielen?" Und schon rennt Robbi los und versucht, den bunten Schmetterling zu erwischen. Doch der ist viel schneller und flattert munter durch die Luft.

Schnell hat Robbi keine Lust mehr zu diesem Spiel.

„Ich will nicht mehr spielen", sagt er zum Schmetterling. „Ich bin müde und werde mich ausruhen." Und schon legt sich das kleine Bärenkind ins Gras und schläft ein.

Wenig später wird er wach. Nun hat er doch Sehnsucht nach seiner Mama. „Wo bin ich hier eigentlich?", fragt er sich verwundert. Da entdeckt er ein kleines Vögelchen im Baum. „Hallo, Robbi!", zwitschert ihm der Vogel zu. „Wenn du nicht mehr weißt, wie du nach Hause kommst, helfen wir dir gerne!" Und plötzlich stehen alle Tiere vor ihm, die er heute bei seinem Ausflug kennen gelernt hat. „Wir haben uns Sorgen gemacht und dich heimlich begleitet", erklärt ihm die Schnecke. „Und nun bringen wir dich nach Hause."

Da ist Robbi aber wirklich froh! Alleine hätte er den Weg nie gefunden.

Zu Hause angekommen, dürfen alle
seine Freunde zum Essen bleiben.
Mutter Bär hat nichts dagegen!

Die Geburtstagsfeier

Heute hat Max Geburtstag! Er wird vier Jahre alt und seine Freunde haben ein Geburtstagsfest für ihn vorbereitet. Schon früh am Morgen bekommt er ein besonderes Geschenk. Einen riesigen Topf voll Honig!

Dann kommen auch die anderen Gäste mit ihren
Geschenken. Die Pakete sind bunt verpackt und mit
großen Stoffschleifen geschmückt. Max ist überglücklich, denn er liebt es, Geschenke auszupacken. Seine
Freunde decken in der Zwischenzeit die Geburtstags-
tafel mit Kuchen, Torten und kalter Milch. Die mögen
die Bären besonders gern. Am Nachmittag kommen
noch weitere Gäste und das Fest kann beginnen.

Max ist ganz übermütig
und tanzt ausgelassen mit
seinen Freunden.
Er merkt gar nicht,
dass er plötzlich durch
die vielen Ballons
in seiner Hand
in die Luft gehoben wird
und immer höher und
höher schwebt.

„Helft mir doch!", ruft er ganz laut, als er bemerkt,
was passiert ist. „Wie soll ich denn nun wieder hinunter-
kommen?" Seine Freunde schauen ängstlich zu ihm
hinauf. „Lass die Luftballons einfach los!", ruft ihm
seine Freundin zu. Doch er traut sich nicht.

Das kleine Vögelchen weiß Rat. Schnell fliegt es in die
Luft und pickt Löcher in die bunten Luftballons.
„Ffffft", zischt es und der kleine Bär plumpst hinunter.
Leider steht direkt unter ihm der offene Honigtopf und
dann passiert es. Max landet kopfüber im süßen Honig!
Zum Glück ist ihm nichts passiert. Denn kaum hat er
sich befreit, muss er laut lachen! Da lachen auch seine
Freunde erleichtert. Sie sind froh, dass er sich nicht
verletzt hat. Endlich kann die Feier weitergehen.

Nun wird es Zeit für die Geburtstagstorte. Die hat Max'
Mutter für ihn gebacken und oben extra vier Kerzen
hineingesteckt. Rundherum ist sie mit süßen Zucker-
kirschen verziert. „Lecker!", rufen die Freunde und
setzen sich an den Geburtstagstisch. Doch bevor sie die
köstliche Torte anschneiden, singen sie für Max ein
Geburtstagslied. „Singt mal ein bisschen schneller!",
sagt Max ungeduldig. „Ich will endlich die Torte essen!"

So feiern sie noch bis in die Abendstunden. Dann sind alle müde vom Tanzen, Essen und Spielen. Erschöpft räumen sie zusammen noch ein bisschen auf und gehen dann ins Bett. An seinen Sturz in den Honigtopf wird Max noch lange zurückdenken!

Die lieben Bienchen

An einem schönen Tag ging ein kleiner Teddybär im
Wald spazieren. Er langweilte sich, denn keiner seiner
Freunde hatte Zeit, mit ihm zu spielen. „Was mach ich
nur, was mach ich nur?", grübelte er so vor sich hin,
während er an einen großen Kastanienbaum kam.
Der Baum war voll mit grünen Blättern, die sich im
Wind hin und her bewegten. Da hörte er auf einmal
ein leises Brummen.

Erstaunt blickte er in den Baum hinauf. „Was brummt denn da nur so?“, fragte er sich verwundert und betrachtete den Baum ganz genau. Doch auf den ersten Blick konnte er wegen der vielen Blätter nichts erkennen. Doch das Brummen war immer noch zu hören. Erst als er näher an den Baum herantrat, entdeckte er ein Bienennest. „Oh, ihr lieben Bienen, nur keine Angst, ich will euren Honig nicht essen. Ich suche nur einen Freund, der mit mir spielt!“ Doch die Bienen konnten ihn nicht hören, weil er so weit unten war.
Da wartete der kleine Teddybär, bis eine Biene sich auf einer bunten Blume niederließ.

Freudig lief er auf die Biene zu, die ihn bis jetzt noch gar nicht bemerkt hatte. „Hallo, kleines Bienchen", flüsterte er ihr vorsichtig zu, denn sie sollte sich nicht erschrecken. „Ich langweile mich so, willst du mit mir spielen?" Die Biene schaute ihn verwundert an. Einen kleinen Teddybären als Spielkameraden hatte sie auch noch nicht gesehen. Sie antwortete ganz leise, denn Bienen sind zarte Wesen. „Gerne spiele ich mit dir, aber du musst mir versprechen, dass du unseren Honig nicht isst!"

„Nein, das mache ich wirklich nicht, ich bin auch gar nicht hungrig!"

So durfte der kleine Teddybär mit dem Bienchen spielen.
Sie tobten herum und jagten sich gegenseitig, bis der
kleine Bär keine Puste mehr hatte. „Du bist so lieb.
Ich vertraue dir", sprach das Bienchen. „Wenn du willst,
kannst du mit mir unsere Wohnung besuchen!"
Da freute sich der Teddybär, denn er hatte noch nie
einen Bienenstock von innen gesehen.
Als er dann oben im Eingang des Hauses auf einem
Ast saß und den köstlichen frischen Honig roch, konnte
er sich nicht mehr zurückhalten.

Gegen sein Versprechen begann er genüsslich, den
Honig zu schlecken. Als die Bienen das sahen, ärgerten
sie sich sehr und verjagten den kleinen Teddybären.
Der rannte, so schnell er konnte, denn Bienenstiche
tun mächtig weh!
Zu Hause angekommen, schämte er sich sehr, denn er
hatte sein Versprechen gebrochen. „So schnell werde
ich nicht mehr in die Nähe des Bienenstockes gehen.
Sicherlich ist meine neue Freundin enttäuscht von mir.“
Und dann legte er sich übermüde und etwas betrübt
in sein kuscheliges Bett.

Heute ist Markttag

Der Teddybärenbauer Erwin arbeitet von morgens bis abends in seinen Gemüsebeeten. Er pflanzt und harkt, pflügt und sät und pflegt seine Pflanzen. Heute aber ist ein ganz besonderer Tag, denn es ist Markttag!

Endlich kann er das Gemüse ernten, das er die ganze
Zeit über angebaut hat. In seinem Schuppen bewahrt er
sorgfältig das Werkzeug auf, das er für diese Arbeiten
braucht. In den Schubkarren legt er dann die Früchte
und das Gemüse. Aber bis es so weit ist und das Gemüse
geerntet werden kann, muss er viel arbeiten.

Zuerst wird die Erde mit dem Spaten schön locker gemacht, damit die Pflänzchen es mit dem Wachsen nicht so schwer haben. Bauer Erwin hat damit schon im Frühjahr begonnen. Manchmal braucht er viel Kraft, um die harte Erde aufzugraben.

Dann wird ausgesät. Korn für Korn legt er die Samen in die Rillen. Nicht zu dicht, denn sonst wachsen sie ineinander. Danach brauchen die Saatkörner viel Wasser. Nach einigen Wochen sind aus den Körnern schon richtige Pflänzchen geworden. Teddybärenbauer Erwin pflanzt ganz verschiedene Gemüsesorten an: Tomaten, Salat, Karotten, Grünkohl und vieles mehr.

Heute am Markttag sind alle seine Freunde früh gekommen, um ihm zu helfen. Die einen ernten die saftigen,
roten Tomaten, die anderen dürfen die Karotten aus der
Erde ziehen und vom Schmutz befreien. Bei den Hasen
muss Bauer Erwin immer aufpassen, damit sie nicht
mehr vernaschen als ernten. Seine Freundin sammelt
das Gemüse ein und spült es mit Wasser ab.

Später wird alles ordentlich in die Schubkarren gelegt, immer die gleichen Gemüsesorten zusammen.
Die Hühner haben Eier gebracht, die sie mit Bauer Erwin auf dem Markt verkaufen möchten. Die Eier verpackt er sorgfältig in Kartons, damit sie während der Fahrt nicht kaputtgehen. Dann ist es so weit. Erwin und seine Freunde machen sich auf den Weg zum Markt.

Kaum ist der Marktstand aufgebaut, kommen die ersten Kunden. Sie betrachten das Gemüse und kaufen viel ein. Die Henne ist sehr froh, dass keines ihrer Eier während der Fahrt kaputtgegangen ist.

Am Ende eines langen Tages ist der Teddybärenbauer
Erwin sehr zufrieden. Er hat sein ganzes Gemüse
verkauft und kann nun zufrieden nach Hause gehen!

Die Teddys hauen auf die Pauke!

Im Bärchenwald lebte einmal ein kleiner Teddybär,
der von nichts anderem träumte, als später einmal ein
großer Musiker zu werden. Er hörte den ganzen Tag
Musik, tanzte dazu oder spielte auf einem Instrument.
Als das große Sommerfest im Wald geplant wurde,
fragte man ihn, ob er nicht musizieren wolle. Natürlich
wollte er das!

Von überall her besorgte er sich alle Instrumente, die er finden konnte. Auf dem Dachboden seines Hauses fand er eine große Trommel. Sein Nachbar schenkte ihm eine verbeulte Trompete und schon bald hatte er die Musikinstrumente für ein ganzes Orchester zusammen.

Nun musste er nur noch seine Freunde zum Mitmachen überreden. „Es wird euch auch allen Spaß machen!", redete er auf sie ein und nach kurzer Zeit hatte er seine Musikgruppe zusammen.

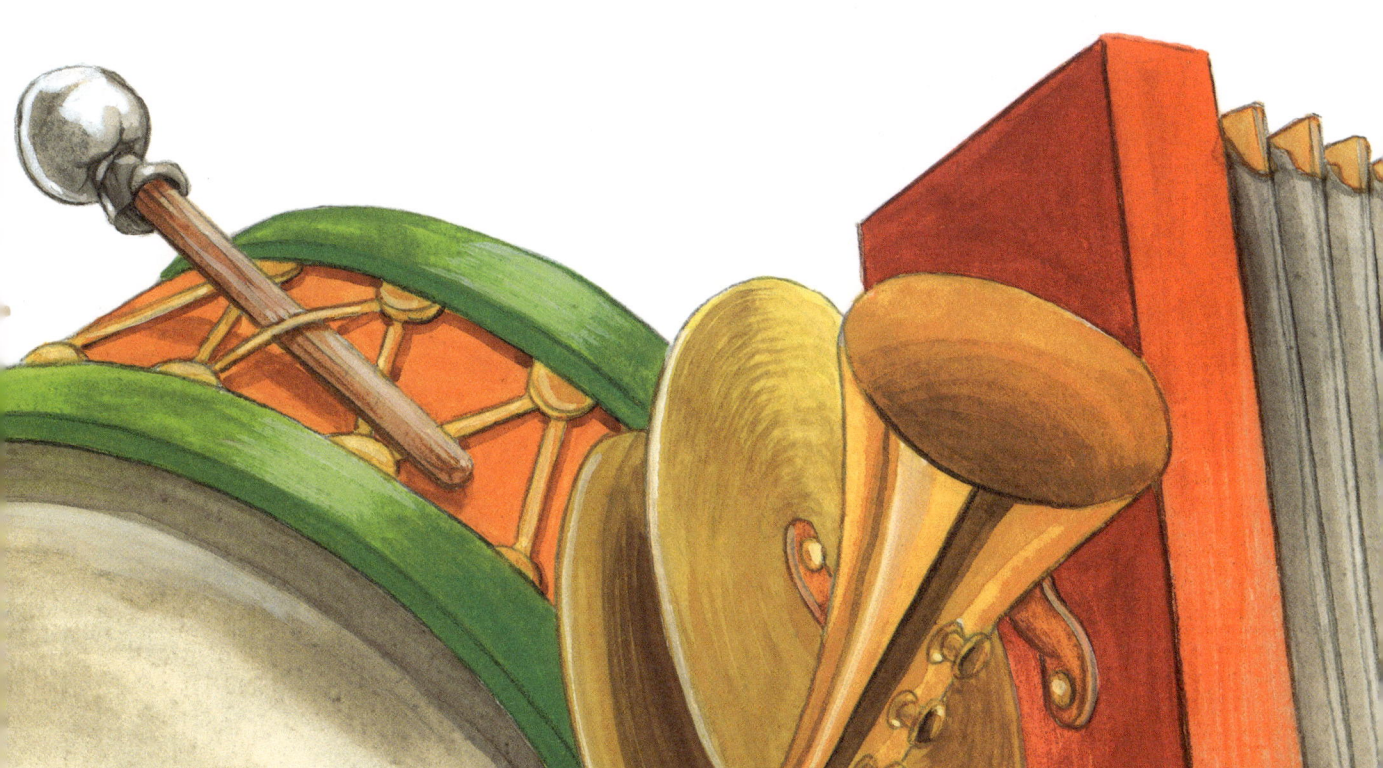

Er schrieb Noten und Texte und egal wo er auch war, immer erzählte er von seinen Stücken und übte an allen möglichen Plätzen. „Nun setz dich endlich hin und iss mit uns", baten ihn seine Freunde. Sie hatten keine Lust, von morgens bis abends nur noch über den Auftritt beim Sommerfest zu reden. „Aber ihr müsst euch die Melodie einprägen", antwortete er und sprang auf den Stuhl, um ihnen das Stück vorzuspielen.

Endlich war es so weit. Der Tag des Sommerfestes
war gekommen und alle waren schon ganz aufgeregt.
„Nun frühstückt erst mal richtig und dann werden
wir uns die Uniformen anziehen", sagte das Bären-
mädchen und kam mit einem Tablett voller köstlicher
Früchte ins Esszimmer.
Nach dem Frühstück zogen sie die glänzenden
Uniformen an und holten ihre Instrumente.
Alle wollten noch ein wenig üben, denn nun waren
sie schon sehr aufgeregt.

Alle Bewohner des Waldes waren zum Sommerfest gekommen und es herrschte eine ausgelassene Stimmung.
Obwohl die Teddybären sehr nervös waren, spielten sie
ihre Stücke hervorragend und ohne Fehler.

Zum Schluss riefen die Zuschauer sogar: „Zugabe, Zugabe!" Alle wollten noch mehr Musikstücke hören. Da freuten sich die Teddybären natürlich riesig und spielten noch bis in den späten Nachmittag hinein ihre Lieder.

Die Apfelernte

Heute ist ein richtig schöner Herbsttag und Paul, der
kleine Teddybär, spielt ausgelassen mit seinen Freunden
im Garten. Plötzlich aber merkt er, wie müde er ist.
„Ich werde mich unter einen Baum legen und ein
bisschen ausruhen", denkt er und schleicht sich davon,
um ungestört schlafen zu können. Am Apfelbaum
angekommen, macht er es sich im grünen Gras
gemütlich und schläft gleich ein.

Nach kurzer Zeit aber wird er wieder geweckt. Ein dicker, roter Apfel fällt vom Baum herunter und trifft ihn direkt auf dem Kopf. „Nanu, was war denn das?", fragt er verwundert und noch ganz verschlafen, bis er den großen Apfel sieht. „Natürlich, die Äpfel müssen geerntet werden!", ruft er laut und trommelt die anderen Bärchen zusammen.

Schnell holen sie Leitern und Körbe herbei, in die sie die Äpfel hineinlegen. Während der Ernte erzählen sich die Teddybären lustige Geschichten oder singen fröhliche Lieder. Das Teddymädchen überlegt schon, was sie Leckeres aus den Äpfeln kochen wird. „Wir können Apfelmus kochen und dazu Kartoffelpuffer essen", schwärmt sie. „Oder wir backen einen großen Apfelkuchen mit Sahne!", ruft Paul vom Baum herunter. „Ich backe mir einen Bratapfel!", antwortet der dritte Teddybär und so läuft ihnen bald das Wasser im Munde zusammen.

Schnell merken sie, dass es viel zu viele Äpfel sind und ihre Körbe gar nicht ausreichen. „Ich werde den Schubkarren aus dem Schuppen holen, dann können wir die Äpfel hineinlegen und zum Haus schieben. Wenn wir alles tragen müssen, wird es uns bald zu schwer werden." Schnell rennt Paul los und holt den hölzernen Karren. „So viele Äpfel wie in diesem Jahr hatten wir noch nie!", freuen sich die Bärchen und legen die Äpfel vorsichtig einen nach dem anderen in den Wagen.

Dann geht es los, denn die Äpfel müssen noch in die Küche gebracht und verarbeitet werden. „Platz gemacht für den Apfeltransport!", ruft Paul laut und schiebt den voll beladenen Schubkarren nach Hause. „Fahr langsam!", rufen ihm seine Freunde zu. „Du verlierst ja die Hälfte!"

In der Küche wird nun den ganzen Nachmittag lang schwer geschuftet und gearbeitet. Die Äpfel müssen sortiert werden. Dann müssen sie geschält und in Stücke geschnitten werden. Einer der Teddybären versinkt fast im Schubkarren, weil er sich den allergrößten Apfel heraussuchen will. Die anderen rühren und kochen, braten und schneiden und bald duftet es köstlich in der gemütlichen Bärchenküche. Nach einiger Zeit ist der erste Apfelkuchen fertig. „Lasst uns eine Pause einlegen und unseren Kuchen probieren!", ruft das Teddybären-mädchen den anderen zu.

Im Haus ist alles voll mit Äpfeln und auch auf dem großen Tisch ist kein Platz mehr. Deshalb breiten sie eine Decke im Garten aus und probieren dort ihren Kuchen. Alle sind sich einig: Er schmeckt hervorragend! Zum Apfelkuchen gibt es leckere Limonade. Während des Essens überlegen sie sich alle möglichen Köstlichkeiten, die sie noch aus den Äpfeln zubereiten können. „Lasst uns wieder in die Küche gehen und weiterbacken", schlägt das Mädchen vor.

Paul ist sehr müde nach dem Essen. Er hat zu viel Kuchen gegessen und kann nun unmöglich weiterarbeiten. „Ich komme gleich wieder", flunkert er und schleicht sich gähnend davon. Doch diesmal will er sich nicht wieder unter einen Apfelbaum legen. „Sonst werde ich wieder so unsanft geweckt und muss weiterarbeiten. Da suche ich mir doch lieber ein richtig ruhiges Plätzchen!"

Und das hat er auch schnell gefunden. Hinter dem Haus hat er sich schon vor einiger Zeit eine Hängematte zwischen zwei Bäume gehängt. Genau dorthin geht er nun und kann endlich in Ruhe sein Mittagsschläfchen halten!

Die Nacht der Kürbisköpfe

Heute ist ein ganz besonders stürmischer und grauer
Tag. Als der kleine Bär am Morgen ein Fenster öffnet,
fliegen ihm viele bunte Blätter entgegen. „So ein grauer
und verregneter Tag, was kann ich denn heute nur
machen?", fragt er sich und schaut auf seinen Kalender.
Es ist der 31. Oktober, die Nacht der Kürbisköpfe!
Das hätte er ja beinahe vergessen. Schnell zieht er sich
warme Kleidung an. „Ich muss schöne große
Kürbisköpfe besorgen und meinen Freunden Bescheid
sagen, dass wir uns auf dem Feld treffen!" Dann
macht er sich bei Wind und Regen auf den Weg.

Auf dem Kürbisfeld gibt es Kürbisse in allen Größen und Formen. „Hallo, Teddybär!", wird er von einer piepsigen Mäusestimme begrüßt. „Kann ich dir vielleicht helfen?", fragt das kleine Mäuschen neugierig. „Ich möchte für heute Abend gruselige Kürbisköpfe schnitzen und brauche dafür besonders große und runde Früchte." Das Mäuschen kennt sich gut aus auf dem Kürbisfeld und zeigt ihm die schönsten Exemplare. Nun kommen auch die anderen Teddybären.

Nach kurzer Suche findet jeder den passenden Kürbis für sich. „Darf ich euch helfen?", fragt das kleine Mäuschen und freut sich, dass die Bärchen einverstanden sind. Jeder nimmt seinen Kürbis und dann treffen sie sich auf der großen Wiese hinter dem Wald.

„Seid vorsichtig mit den scharfen Messern!", warnt
der Teddybär seine Freunde. Dann geht die lustige
Schnitzerei los. Zuerst müssen sie oben ein Loch
hineinschneiden und die Kürbisse von innen aushöhlen.
Danach werden gruselige Gesichter hineingeschnitzt.
Das Mäuschen ist ganz begeistert. „Kann ich auch eine
Maske haben?", fragt es den Teddybären. „Natürlich",
antwortet er. „Ich mache dir eine besonders unheimliche
Maske." Und dann schnitzt er fröhlich weiter.

Die Kürbisse werden von innen mit Kerzen beleuchtet.
Als es dunkel wird, stellen die Teddys ihre Kürbisköpfe
auf Holzpfosten.
Von weitem erkennt man nur die beleuchteten Gesichter
und es sieht wirklich gruselig aus. Auch das Mäuschen
ist zufrieden. Es hat sich eine kleine Maske über das
Gesicht gezogen. Die Bärchen freuen sich über die
schönen Masken und feiern noch bis spätabends das
Halloweenfest.

Wohin nur mit den vielen Päckchen?

Langsam wird es Winter im Teddybärenwald und die Teddys müssen sich Vorräte für den Winter anlegen. Da sie viele Freunde in der ganzen Welt haben, bekommen sie schon im November von überallher Pakete mit Honig oder Briefe mit Grüßen zugeschickt.

Erst kommen nur einige Pakete und die Teddybären
freuen sich über die leckeren Vorräte. Fleißig tragen sie
die Kartons und Kisten ins Haus. Doch am nächsten
Tag kommen erneut Pakete an. „Wohin nur mit all den
Kisten?", fragen sich die Freunde. Es dauert nicht lange,
da ist ihr Wohnzimmer so voll, dass sie selbst keinen
Platz mehr haben.

„Liebe Freunde, so kann es nicht weitergehen! Wenn wir nichts unternehmen, haben wir in einer Woche keinen Platz mehr in unserem Haus. Wir müssen etwas tun, denn es kommen jeden Tag mehr Pakete mit Honig an", erklärt der älteste Teddyjunge seinen Freunden. „Wir können die Honigpakete vielleicht im Schuppen gegenüber unterbringen", schlägt das Mädchen vor. „Nein, nein, der ist ja noch viel kleiner als unser Haus. Wir müssen uns etwas anderes ausdenken." Und dann beginnen sie zu grübeln und zu überlegen, bis ihnen die Köpfe rauchen. Endlich springt einer von ihnen auf.

„Ich weiß es!", ruft er laut. „Lasst uns unter unserem großen Baum einen Keller graben. Dann müssen wir im Winter das Haus nicht verlassen. Das ist prima, wenn es kalt ist und wir eingeschneit sind. Wir können hier oben eine Tür einbauen, durch die wir direkt in den Keller gelangen. Und im Sommer können wir im Keller die Speisen unterbringen, die kühl gelagert werden müssen."
Die anderen Bärchen überlegen einen Moment, doch dann sind sie begeistert.
„Das ist ja eine tolle Idee, wieso sind wir nicht schon früher darauf gekommen?"

Dann legen sie los. Natürlich ist es nicht so einfach, einen Keller zu bauen. Es gibt also viel Arbeit für alle. Gleich am nächsten Morgen wollen sie beginnen und suchen ihr Werkzeug zusammen. Sie brauchen Spaten, Schaufeln und einiges mehr, um unter dem großen Baum eine tiefe Höhle zu bauen. Am Anfang der Arbeiten ist es richtig schwer, denn die Erde ist hart und nur mit viel Kraft gelingt es den Teddys, ein Loch zu graben. Doch je tiefer sie kommen, umso leichter geht es. Sie graben den ganzen Tag und bald schon haben sie einen großen Eingang ausgebuddelt.

Nach einigen Tagen ist der Keller ausgegraben. Nun müssen sie große Holzbalken aus dem Wald zusammen-suchen, um die Wände von innen zu stützen. Gemein-sam suchen sie große Stämme und tragen sie in das Erdloch hinein. „Das wird ein richtig schöner Keller!", freuen sich die Bärchen und bald haben sie die Wände von innen mit dem Holz abgestützt.

Als der Keller fertig ist, bemerken sie, dass sie etwas Wichtiges vergessen haben. „Wie sollen wir denn die vielen Honigtöpfe die Leiter hinuntertragen?", fragt einer von ihnen. Da haben sie eine Idee. „Wir bauen einen Lastenaufzug! Damit können wir die Töpfe in den Keller hinunterlassen, ohne dass sie kaputtgehen."

Auch der Aufzug ist schnell gebaut und die Bärchen
können die Pakete in den Keller bringen. Mittlerweile
sind es über hundert Kartons, die da aus aller Welt
geschickt wurden. Die Teddybären packen alle Päckchen
sorgfältig aus und stellen die Honigtöpfe ordentlich in
die Regale. „Mmh, wie köstlich es hier riecht!", stellen
sie fest und können den Winter gar nicht erwarten.
Dann dürfen sie die leckeren Honigtöpfe einen nach
dem anderen verspeisen.

Es hat geschneit!

Als Tom schon früh am Morgen das Fenster öffnet, traut er seinen Augen kaum. Es hat geschneit und eine weiße Schneedecke liegt über dem ganzen Land.
„Kommt schnell, der erste Schnee ist gefallen!", ruft er übermütig und weckt seine Freunde, die noch verschlafen in ihren Betten liegen.
„Was ist passiert?", fragen sie ihn noch müde.
„Warum musst du so früh morgens schon so laut sein?"
Doch Tom gibt keine Ruhe. „Los, raus aus den Federn und anziehen. Ich will einen Schneemann bauen!"

Schnell hüpfen die Teddys aus den Betten und ziehen sich warme Kleidung an. „Wer zuerst im Garten ist!", rufen sie laut und rennen los. Jetzt ist Tom der Letzte, denn vor lauter Aufregung hat er seine Jacke nicht gefunden. Während die anderen schon einen lustigen Schneemann bauen, muss er sie noch suchen. Draußen ist es zwar bitterkalt, aber es gibt nichts Schöneres, als im Schnee zu toben!

Die Teddybären rennen den Berg hinauf und rutschen den steilen Hang hinunter. Immer schneller und schneller, bis sie unten kopfüber im Schnee stecken bleiben.

Das war ein schöner Tag! Am Abend sind sie vom vielen Toben müde und erschöpft und legen sich vor den warmen Kamin.